AF349539

Lettres Patentes

DV ROY, PAR LESQVELLES LE SIEGE PRESIDIAL ET Gouuernement de la ville de la Ro-chelle: Ensemble les autres Iusti-ces & Iurisdictions d'icelle, sont transferees en la ville de Marans.

Regiftrees en Parlement, le septiefme iour d'Aouft 1621.

A PARIS,

Par FED. MOREL, & P. METAYER, Imprimeurs ordinaires du Roy.

M. DC XXI.

Auec Priuilege de fa Maiefté.

OVIS par la grace de Dieu, Roy de France & de Nauarre, A tous ceux qui ces presentes Lettres verront, Salut. Les desordres, desobeïssances & rebellions ouuertes qui se sont commises depuis quelques mois en nostre ville de la Rochelle, contre nostre auctorité & le repos publicq, & le mauuais

A ij

traittement que nos bons
subjets & Officiers qui ont
voulu se maintenir dans les
termes de la fidelité qu'ils
nous doiuent, y ont receu,
aucuns d'eux ayãs esté con-
traints de quitter & aban-
donner leurs charges & mai-
sons, pour euiter la violence
des mutins qui sont en ladite
Ville, Nous faisans cognoi-
stre combien la Iustice y est
opprimee, & les Loix & Ordonnances de nostre Estat
violees & aneanties, Nous
auons resolu d'interdire de
ladite Ville nostre Siege Pre-

fidial : Enſemble les autres
Iuſtices & Iuriſdictions qui
ſont au gouuernement d'i-
celle, & les transferer en
quelque autre lieu où nos
officiers puiſsent en toutes
ſeureté adminiſtrer la Iuſtice à nos ſubjets, & y exercer
libremét la function de leurs
charges ſouz noſtre auctorité. A ceſte cauſe, De l'ad-
uis de noſtre Conſeil, où cette affaire a eſté miſe en deli-
beration : Et de noſtre cer-
taine ſcience, plene puiſſāce
& auctorité Royale, Nous
auons Dict & declaré, Di-

sons & declarons par ces presentes, toutes Cours & Iurisdictions, tant Presidiales
que du Gouuernement &
Preuosté de ladite Ville, estre
interdictes, Comme nous les
interdisons, & defendons à
tous noz Officiers d'icelles,
d'y faire aucune fonction de
leurs offices, & à tous noz
subjets de s'adresser à eux, n'y
y auoir aucun esgard, sur peine de nullité, & d'estre des-
cheuz de leurs droits & pre-
tentions, & de tous despens,
dommages & interests. Voulons & nous plaist, que ledit

siege Presidial & Gouuernement de la Rochelle : En-
semble les autres Iustices &
Iurisdictions qui souloient
estre administrees en ladite
Ville, soient trãsferees comme nous les transferons en
nostre ville de Marans, où
nous voulons que noz Officiers dudit Siege & Iurisdictions ayent à se rendre dans
huict iours apres la signifi-
cation qui aura esté faicte
des presentes au plus pro-
chain lieu de marché de ladite Ville: Pour par cy apres
y faire la fonction & exerci-

ce de leurs charges, & rendre
& adminiſtrer la Iuſtice à
noz ſubjets du Gouuerne-
ment de ladite Ville, iuſques
à ce que en ayons autrement
ordonné. Voulant à cette
fin que tous Exploicts, Ad-
iournemens & Aſſignations
ſoient doreſnauant donnees
à comparoir dans noſtredite
ville de Marans, au lieu de
celle de la Rochelle : Decla-
rant dés à preſent comme
pour lors, nulles toutes Sen-
tences & Iugemés qui pour-
roient eſtre donnees apres
ledit temps par leſdits Officiers

ciers en ladite ville de la Rochelle ou autre lieu, que
celle de Marans. Defen-
dons à noſtredite Cour de
Parlement de Paris d'y a-
uoir aucun égard, n'y rece-
uoir aucunes appellations,
que celles qui feront inter-
jettees en ladite ville de Marans, en laquelle nous voulons & entendons, que par le
Greffier dudit Siege foient
promptement portez tous
& chaçuns les Regiſtres, Pa-
piers & Eſcritures du Greffe
d'iceluy : enſemble que les
priſonniers qui fe trouuerõt

B

és prisons de ladite ville de la
Rochelle , soient conduits
souz bonne & seure garde en
celle de Marans, & que les
Consulz ayent à bailler vn
lieu & maison propre pour
la tenue dudit Siege. Et où
aucuns de noz Officiers vou-
droient demeurer en nostre-
dite ville de la Rochelle a-
pres le temps,& y tenir Siege
ou forme de Iustice, ou faire
autres fonctions de leurs Offices, Nous les declarons dés
à present cõme lors, atteints
& conuaincus de rebellion
&desobeissance,& cõme tels

indignes & incapables de tenir & exercer cy apres leurf-
dites charges & offices, &
qu'il y fera par nous pour-
ueu & cõmis en leurs places
d'autres perfonnes de quali-
té requifes : Et voulons qu'il
foit procedé contre eux par
les voyes ordinaires en fem-
blables cas. Si donnons en
mandement à noz amez &
feaux les Gens tenans noftre
Cour de Parlement de Pa-
ris, & Gens tenans le fiege
Prefidial en ladite ville de
la Rochelle, chacun en-
droit foy, que ces prefen-

B ij

tes ils facent lire, publier & enregiſtrer, & le contenu en icelles garder & obſeruer, ſans y contreuenir. Enjoignans à noſtre Procureur general en ladite Cour, & ſes Subſtituts, faire toutes requiſitions, pourſuites & diligences neceſſaires pour l'execution de ceſdites preſentes: Car tel eſt noſtre plaiſir. Nonobſtant quelsconques Edicts, Ordonnances & autres choſes à ce contraires, Auſquelles nous auõs derogé & derogeons par ceſdites preſentes. En teſmoing dequoy, nous y auons faict mettre noftre Seel. Donné au Camp deuant fainct Iean d'Angely, le premier iour de Iuin, l'an de grace, mil fix cens vingt-vn. Et de noftre regne le douziefme.

Signé,   L O V I S.

Et fur le reply, Par le Roy,
     P H E L Y P E A V X.

Et feelees fur double queuë, du grand feau de cire iaune. Et à cofté fur ledit reply, eft efcrit,

Regiftrees, Ouy, et çe re-quérant le Procureur General du

Roy, pour estre executees selon leur forme et teneur. A Paris en Parlement, le septiesme iour d'Aoust, mil six cens vingt-vn.

Signé, TILLET.

PAR Lettres patentes du Roy, donnees à Paris le vingt-deuxiefme iour de Feurier, mil fix cens vingt, fignees, LOVIS, & fur le reply, Par le Roy, DE LOMENIE, & fcellees du grand fcel dudit Seigneur, en cire iaulne, fur double queüe : verifiees, tant en la Cour de Parlement, Chambre des Comptes, Cour des Aydes, Chaftelet de Paris, qu'au Bailliage du Palais : Il eft permis à Federic Morel, & Pierre Mettayer fes Imprimeurs ordinaires, d'imprimer, ou faire imprimer, vendre & debiter tous Edicts, Ordonnances, Mandemens, Lettres patentes, comme auffi tous Arrefts, tant de fon Confeil, que de fes Cours, fans qu'autres Libraires & Imprimeurs les puiffent imprimer ne faire imprimer, vendre ne diftribuer, en quelque forte & maniere que ce foit, fur peine de cinq cens liures d'amende. Voulant au furplus, que tout ce qui fe trouuera imprimé de ce que deffus, par autres que lefdits Morel & Mettayer, foit faifi & cancelé comme nul & faulx, & faict contre fon auctorité & commandement.